AF311901

VENTE APRÈS DÉCÈS

Meubles et Sièges

ANCIENS ET MODERNES

FAIENCES ET PORCELAINES

TABLEAUX, AQUARELLES

OBJETS DIVERS

TAPISSERIES ANCIENNES

BELLE BOISERIE DU TEMPS DE LOUIS XVI

EXEMPLAIRE DE H. STETTINER

PARIS — JUIN 1911

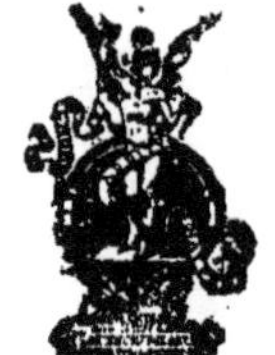

CATALOGUE

DES

Meubles et Sièges

ANCIENS ET MODERNES

FAIENCES ET PORCELAINES

BRONZES D'AMEUBLEMENT

TABLEAUX, AQUARELLES

OBJETS DIVERS

TAPISSERIES ANCIENNES

BELLE BOISERIE DU TEMPS DE LOUIS XVI

DONT LA VENTE PAR SUITE DE DÉCÈS AURA LIEU

HOTEL DROUOT, SALLE N° 1

LE VENDREDI 9 JUIN 1911

à deux heures

COMMISSAIRE-PRISEUR

Mᵉ MARLIO, 20, rue des Pyramides

EXPERTS

Pour les Faïences et Porcelaines :	*Pour les Tableaux et Objets d'Art :*
M. CAILLOT	**MM. PAULME & B. LASQUIN Fils**
52, rue de la Victoire	10, rue Chauchat | 11, rue de la Grange-Batelière

PARIS

Chez lesquels se distribue le présent Catalogue

EXPOSITION PUBLIQUE

Le Jeudi 8 Juin 1911, SALLE N° 1, de 1 h. 1/2 à 6 heures

412

CONDITIONS DE LA VENTE

Elle sera faite au comptant.

Les adjudicataires paieront *dix pour cent* en sus des enchères.

L'exposition mettant le public à même de se rendre compte de l'état et de la nature des objets, aucune réclamation ne sera admise une fois l'adjudication prononcée.

Paris. — Imp. de l'Art, Ch. Berger, 41, rue de la Victoire.

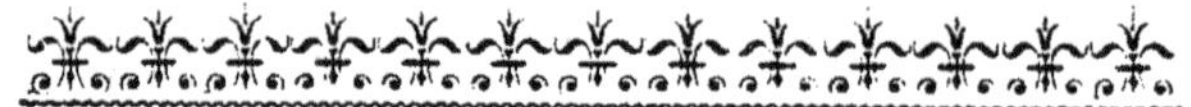

DÉSIGNATION

ANCIENNES
FAIENCES ET PORCELAINES
FRANÇAISES ET ÉTRANGÈRES

1 — **Berlin**. Petite corbeille ajourée, de forme octogonale, à anses verticales, en ancienne porcelaine de Berlin. Au fond, bouquet de fleurs en polychrome.

2 — **Chantilly**. Vase forme balustre côtelé, à anses ajourées verticales, en ancienne porcelaine tendre de Chantilly, décor polychrome de bouquets de fleurs.

3 — **Chantilly**. Petite cafetière et son couvercle en ancienne porcelaine tendre de Chantilly, décor polychrome de bouquets de fleurs. Charnière et bouton du couvercle en argent.

4 — **Castel-Durante**. Deux cornets en ancienne faïence de Castel-Durante, décor polychrome. Sur la face, grand médaillon renfermant un saint personnage et, au revers, rinceaux, palmettes et ornements divers.

5 — **Castelli**. Plaque rectangulaire en ancienne faïence de Castelli, décorée en polychrome d'un personnage dans un paysage. Cadre bois mouluré.

6 — **Castelli**. Plaque ovale en hauteur, ancienne faïence de Castelli, décor polychrome : berger et bergère dans un paysage avec animaux.

7 — **Chine**. Assiette en ancienne porcelaine de Chine, décor polychrome. Au fond, deux personnages en costume Louis XIV dans un paysage avec balustrade, arbuste et chien.

8 — **Delft**. Vache traite par un personnage en ancienne faïence de Delft. Décor polychrome.

9 — **Delft**. Cinq assiettes en ancienne faïence de Delft, décor camaïeu bleu en plein représentant des mois de l'année : Avril, Mai, Juin, Septembre et Novembre. Marque à la hache.

Diam., 23 cent.

10 — **Delft**. Assiette en ancienne faïence de Delft, décor camaïeu bleu : Pêche à la baleine Nº 3. Marque à la hache.

Diam., 23 cent.

11 — **Delft**. Assiette en ancienne faïence de Delft, décorée au fond d'un grand médaillon renfermant le portrait en polychrome d'un personnage de la comédie italienne : Crispin. Sur le marli, rinceau camaïeu bleu. Marque au revers : *AR.* : *Auguste Reygens*.

12 —- **Italie.** Grand bénitier avec personnages en relief. Ancienne faïence italienne, décor polychrome.

> Haut., 50 cent.

13 — **Japon.** Six plats ronds, dont un grand et cinq
creux, en ancienne porcelaine du Japon. Décor
polychrome. (Sera divisé.)

14 — **Japon.** Vingt-six pièces : assiettes et compo-
tiers, en ancienne porcelaine du Japon, décor
bleu, rouge et or. (Sera divisé.)

15 — **Marseille.** Petit plateau de forme oblongue, à
anses relevées, en ancienne faïence de Marseille,
décor polychrome de bouquets de fleurs.

> Long., 25 cent.

16 — **Marseille.** Deux assiettes à bord contourné en
ancienne faïence de Marseille, décor polychrome;
l'une, de bouquets de fleurs et, l'autre, d'un
sujet chinois d'après Pillement.

17 — **Moustiers.** Très grande vasque de forme ovale
avec mascarons, sur quatre pieds, en ancienne
faïence de Moustiers, décor camaïeu bleu. Au
fond, grand médaillon renfermant une chasse à
l'autruche, d'après Tempesta. Sur le pourtour,
un lambrequin.

> Long., 68 cent.

18 — **Palissy.** Petite coupe ovale en ancienne faïence de la suite de Bernard Palissy : le Baptême du Christ. Époque Louis XIII.

19 — **Paris.** Poêlon de forme ronde et son couvercle ; au déversoir, un mascaron. Ancienne porcelaine de Paris, décor polychrome de bouquets de fleurs.

20 — **Rhodes.** Plat rond en ancienne faïence de Rhodes, décor polychrome de palmettes, branchages fleuris et ornements divers.

Diam., 315 millim.

21 — **Rouen.** Assiette à bord contourné, décor polychrome de Guillibeaux. Au fond, oiseau sur un grand branchage fleuri. Le marli est couvert d'un ornement quadrillé avec six réserves de fleurs de sainfoin.

22 — **Rouen.** Assiette à bord contourné en ancienne faïence de Rouen. Décor polychrome à la corne.

23 — **Rouen.** Fontaine-applique sans couvercle et bassin en ancienne faïence de Rouen. Décor bleu et rouge.

24 — **Rouen.** Porte-huilier de forme oblongue en ancienne faïence de Rouen. Décor camaïeu bleu.

25 — **Saxe.** Écuelle couverte de forme ronde à anses formées par des branchages et son présentoir en ancienne porcelaine de Saxe. Décor polychrome de jolis bouquets de fleurs. Le couvercle est surmonté d'un branchage de fleurs et feuillages en relief. *Belle qualité.*

26 — **Saxe.** Bourdaloue à côtes en ancienne porcelaine de Saxe. Décor polychrome de bouquets de fleurs.

27 — **Strasbourg.** Deux raviers forme coquille en ancienne faïence de Strasbourg, de Joseph Hanong. Décor polychrome de bouquets de fleurs. Marqués : **H**.

28 — **Strasbourg.** Trois pièces; compotier à bord dentelé et deux assiettes à bord contourné, en ancienne faïence de Strasbourg, de Joseph Hanong. Décor polychrome de bouquets de fleurs. Marqués : **H**.

29 — **Strasbourg.** Cinq pièces : plateau carré à angles rentrants et quatre pots à crème, en ancienne faïence de Strasbourg, de Joseph Hanong. Décor polychrome de bouquets de fleurs. Marqués : **H**.

30 — **Tournai.** Assiette à bord découpé en ancienne porcelaine tendre de Tournai, décor polychrome. Au fond, oiseau, fruits coupés et feuillages. Sur le bord, insectes.

31 — **Tournai**. Deux assiettes à bord contourné en ancienne porcelaine tendre de Tournai ; l'une décor bleu et or ; l'autre, camaïeu bleu avec marli à mille côtes tournantes.

32 — **Tournai**. Saucière en ancienne porcelaine tendre de Tournai. Sous le déversoir, couronne surmontée d'une tour avec la devise : *Pelias Hasta*. Décor bleu et or.

33 — **Verre**. Deux pièces : verre à pied avec couvercle et gobelet à facettes en cristal taillé et gravé. Ancien verre de Bohême.

34 — Sous ce numéro, grande quantité de faïences, porcelaines et verrerie anciennes et modernes françaises et étrangères.

TABLEAUX, AQUARELLES

GRAVURES

BOULOGNE

35 — *Paysage ; lac dans un site montagneux.*
Toile.

BOUSSATON

36 — *La Mosquée à Sidi-Okba.*

— *Les Bains maures à Biskra.*
Deux aquarelles.

BOUSSATON

37 — *Le Désert à El-Amri.*
Peinture sur bois.

ÉCOLE FLAMANDE (xviie siècle)

38 — *L'Adoration des Mages.*
Cuivre.

ÉCOLE FLAMANDE

39 — *Sainte Madeleine.*
Petite peinture sur cuivre.
Cadre ancien en bois sculpté.

ÉCOLE FRANÇAISE (xviiie siècle)

40 — *Fleurs, fruits et gibier.*
Cadre ancien en bois sculpté doré.

ÉCOLE FRANÇAISE

41 — *Portrait de Jeune Femme en costume du XVIe siècle.*

> Bois.
> Cadre ancien.

ÉCOLE FRANÇAISE

42 — *Sujet allégorique ; amour et chien.*

> Peinture décorative.
> Cadre en bois sculpté.

ÉCOLE ITALIENNE

43 — *Diane et Actéon.*

> Bois.
> Cadre ancien en bois doré.

ÉCOLE ITALIENNE

44 — *Ronde de Nymphes.*

> Bois.
> Cadre ancien en bois doré.

ÉCOLE MODERNE

45 — *Paysage.*

> Pastel.
> Cadre ancien en bois sculpté doré.

ÉCOLE MODERNE

46 — *Réunion de personnages dans une forêt.*

> Toile.

ÉCOLE MODERNE

47 — *Paysage.*

    Aquarelle.

ÉCOLE MODERNE

48 — *Faisan mort.*

    Toile.

INCONNU

49 — *Ecce Homo.*

    Peinture de forme ovale.

PINET

50 — *Les Vaches noires à Villers.*

    Aquarelle.

51 — Deux peintures décoratives : Paysages.

52 — Gravure, représentant Andromède délivrée par Persée. Dans un cadre en bois sculpté.

53 — Quatre gravures anciennes, d'après GILLOT : Fêtes païennes.

54 — Gravure moderne, dans un cadre ancien en bois sculpté doré.

55 — Recueil d'eaux-fortes modernes, d'après des tableaux de WATTEAU.

56 — Grande gravure, d'après PAUL DELAROCHE : Hémicycle de l'École des Beaux-Arts.

OBJETS VARIÉS

ETAINS, CUIVRES, GLACES, ÉMAUX,
BOIS SCULPTÉ, ETC.

57 — Plaque rectangulaire en ancien émail peint de Limoges : Christ à la colonne. Cadre en écaille à coins d'argent repoussé. xvııᵉ siècle

58 — Plaque rectangulaire en émail. Dans un cadre Louis XIII.

59 — Trois plats en cuivre repoussé, dont un ancien et une fontaine à décor d'armoirie.

60 — Deux plateaux en cuivre gravé. Travail oriental.

61 — Deux plats en étain, dont l'un d'après BRIOT, à sujet : la Tempérance ; une écuelle et une aiguière.

62 — Un coffret en ivoire gravé et une reliure de Coran. Travail persan.

63 — Statuette, figurant la Maternité, en albâtre. xvııᵉ siècle.

64 — Groupe, figurant un enlèvement, en albâtre.

65 — Trois statuettes d'anges en bois sculpté doré. xvıııᵉ siècle.

66 — Deux panneaux ovales en terre cuite. Trophées de chasse et pêche,

67 — Deux bas-reliefs rectangulaires en terre cuite peinte, figurant, l'un, les neufs Muses, l'autre Jupiter chez Vulcain. Cadres en bronze.

68 — Glace rectangulaire en bois mouluré et sculpté. décor de feuilles et rangs de perles. Époque Louis XVI.

69 — Grand miroir, dans un cadre en bois noir guilloché. Époque Louis XIII.

70 — Glace miroir, dans un cadre doré, décor de fleurs et rocailles.

71 — Deux miroirs en verre gravé, à personnages.

72 — Console-support en bois sculpté doré. xviiie siécle.

73 — Cinq dessus de porte à encadrement de bois sculpté peint, décor de baguettes, feuillages, fleurs et coquilles. Époque Louis XV.

74 — Quatre baguettes formant un cadre en bois et pâte à festons de feuillages.

75 — Verre d'eau, comprenant, sur un plateau, une carafe, un flacon et un verre gravé.

76 — Tableau en mosaïque d'après l'antique.

77 — Tableau en étoffe de soie, brodée de couleurs, représentant Jésus au milieu des docteurs. Fin du xvie siècle.

BRONZES D'AMEUBLEMENT

78 — Pendule en bois noir et écaille, ornée de cuivres. Époque Louis XIII.

79 — Garniture de cheminée, comprenant une pendule et deux candélabres en bronze doré et
bronze patiné ; décor de rocailles, feuillages et
figures d'enfants et personnages.

80 — Devant de feu en bronze. — Paire de chenets
Louis XIII en cuivre.

81 — Garniture de cheminée, comprenant une pendule et deux candélabres, en bronze et porcelaine
bleue. Style Louis XVI.

82 — Paire de chenets en bronze. Style Louis XVI.
Modèle à vases-cassolettes.

83 — Lustre en bronze, garni de cristaux à six
lumières.

83 *bis* — Lustre analogue au précédent.

84 — Autre lustre analogue aux précédents.

85 — Petite lanterne d'antichambre, à cinq faces, en
bronze doré.

86 — Lustre en bronze à nombreuses lumières, décor de feuillages et amours.

87 — Autre lustre analogue.

88 — Quatre appliques porte-lumières, faites d'une gerbe de fleurs nouées par un nœud de ruban.

BOISERIE DE SALON LOUIS XVI

ET PEINTURES DÉCORATIVES

89 — Décoration de salon en bois finement sculpté et peint, partiellement doré, du temps de Louis XVI. Elle comprend :

1° Quatre portes ou fausses-portes, à deux vantaux, décorées de panneaux moulurés et ornementés, avec chambranles à entrelacs et consoles à volutes portant la corniche. Chacune de ces portes est surmontée d'une archivolte plein-cintre en prolongement du chambranle avec agrafe faite d'un trophée d'attributs, et écoinçons à feuillage. Les impostes en plâtre, modelés en bas-relief, offrent chacun une cassolette cantonnée de deux figures allégoriques terminées en rinceaux.

2° Deux encadrements de fenêtres.

3° Deux glaces avec cadres en bois doré offrant chacun une baguette moulurée et ornée, surmontée d'un médaillon ovale fait de fleurs et encadrant une peinture décorative à buste de femme.

4° Deux encadrements de panneaux à petites chutes de fleurs.

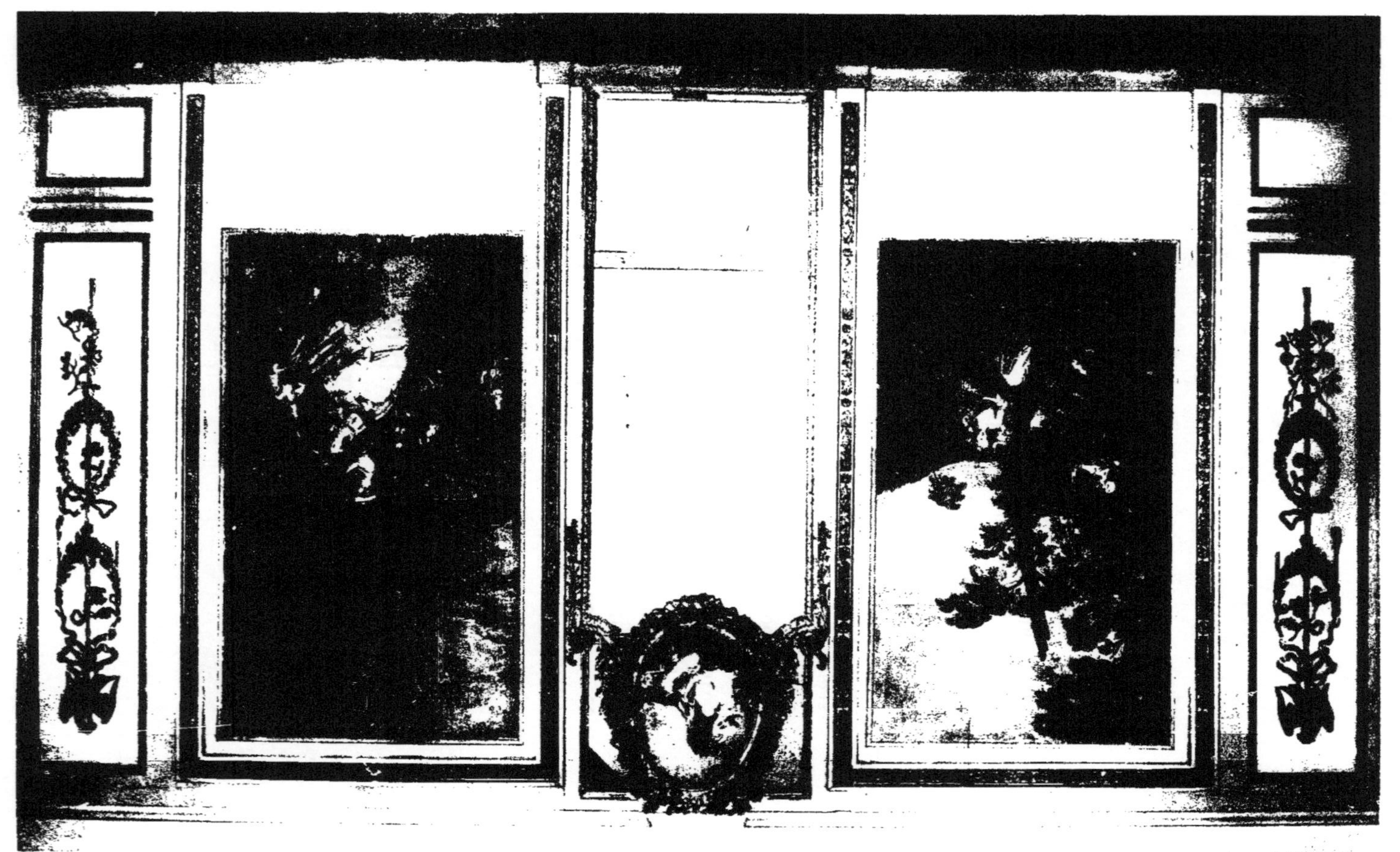

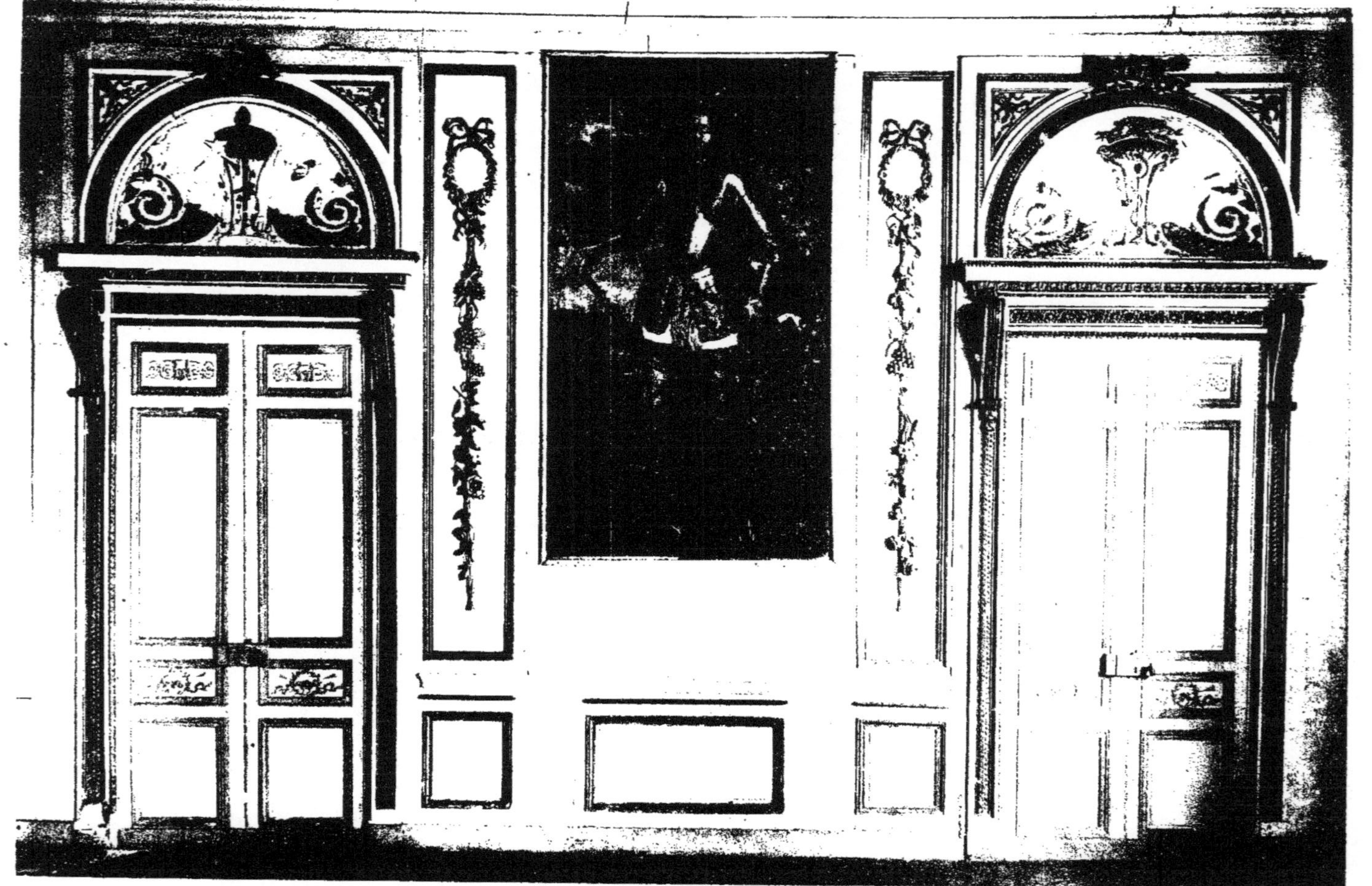

5° Six motifs de chutes de fleurs retenues par un nœud de ruban en bois doré, probablement rapportées postérieurement.

6° Deux panneaux décoratifs peints sur toile et offrant des compositions pastorales dans le goût de Watteau.

7° Un panneau peint sur toile : Portrait d'un maréchal portant l'armure et tenant le bâton de commandement.

Hauteur sous corniche : 3 m. 60 cent. environ.

SIÈGES

SIÈGES RECOUVERTS EN TAPISSERIE

90 — Banquette en bois, surmontée d'un fronton, en bois sculpté, garnie d'ancienne tapisserie Renaissance, provenant d'une bordure.

91 — Fauteuil en bois mouluré, recouvert d'ancienne tapisserie Renaissance provenant de bordures; décor de personnages et arabesques.

92 — Deux fauteuils et six chaises à hauts dossiers en bois mouluré, à pieds de biches, recouverts en ancienne tapisserie au point, à grosses fleurs.

93 — Deux chaises en bois tourné Louis XIII, recouvertes de velours de Scutari.

94 — Grand fauteuil en bois sculpté, à croisillons, recouvert en ancienne tapisserie-verdure, avec perroquet. Époque Louis XIV.

95 — Grand fauteuil en bois sculpté ciré, à décor de feuillages et coquilles. Époque Régence.

96 — Fauteuil en bois sculpté, à décor de rocailles et feuillages; garni d'ancienne tapisserie au point. Époque Louis XV.

97 — Fragment de canapé en bois mouluré et sculpté. Époque Louis XV.

98 — Chaise longue, en deux parties, en bois sculpté, décor de feuillages et fleurs. Époque Louis XV.

99 — Douze chaises Louis XV en bois sculpté peint noir, de modèles variés.

100 — Deux fauteuils en bois sculpté peint noir, décor de fleurettes, modèles variés. Époque Louis XV.

101 — Bois de canapé peint noir. Style Louis XVI.

102 — Fauteuil en bois sculpté doré, à décor de rocailles et feuillages, recouvert en tapisserie au point.

103 — Douze chaises de salle à manger en bois noir, recouvertes en cuir de Cordoue.

MEUBLES

104 — Grand cabinet en écaille rouge jaspée, ornée de cuivres, motifs à colonnes torses et corniche, et pieds-griffes. Il repose sur une table-console à pieds tournés. Ancien travail espagnol.

105 — Autre cabinet analogue, plus petit.

106 — Grand coffre en bois sculpté, à décor de fenestrages, muni d'une serrure à moraillons.

107 — Bureau plat rectangulaire en bois noir, avec
filets de cuivre et orné de bronzes. Époque
Louis XIV.

108 — Commode de forme mouvementée, à trois
rangs de tiroirs, en bois de placage, ornée de
bronzes. Dessus de marbre. Époque Louis XV.

109 — Commode de forme contournée, à deux tiroirs, en bois de placage, ornée de bronzes.
Époque Louis XV.

110 — Lit en bois sculpté, fait d'anciens panneaux.

111 — Lit en bois sculpté ciré, à dossiers à volutes
décorés de trophées et branches de laurier.
Époque Louis XV.

112 — Commode de forme droite, à trois rangs de
tiroirs, en marqueterie de bois de placage, entrelacs et fleurettes. Garniture de bronzes. Époque
Louis XVI.

113 — Table-bureau plat en acajou, ouvrant à trois
tiroirs et reposant sur quatre pieds cannelés.
Époque Louis XVI.

114 — Console demi-lune, à quatre pieds fuselés et
cannelés, réunis par une entrejambe, en bois
sculpté doré. Époque Louis XVI.

115 — Fragments en bois sculpté doré, provenant
d'une console. Époque Louis XVI.

116 — Petit modèle de buffet avec tiroirs en bois
mouluré et sculpté. Ancien travail hollandais,

117 — Guéridon rectangulaire fait d'un plateau en
marqueterie de bois de couleur, à rocailles et
sujet de personnages. Pied en bois sculpté, à
figure d'amour, sur trépied à consoles et griffes.

118 — Petite table ovale en placage de bois de rose.

119 — Console en bois sculpté peint noir et or, à
décor de guirlandes et feuillages. Dessus de
marbre.

120 — Table de salle à manger, de forme ronde, en
bois noir.

121 — Grand buffet-dressoir en bois noir mouluré,
en partie vitré et orné de bas-reliefs en bronze.

122 — Chambre à coucher, comprenant : un lit, table
de nuit, armoire à glace, chiffonnier en bois
noir gravé orné de cuivres.

TAPISSERIES ANCIENNES

TAPIS, BRODERIES, TENTURES

123 — Bandeau d'ancienne broderie au passé, à
rinceaux de fleurs.

Haut., 48 cent.; long., 1 m. 20.

124 — Portière en drap, encadrée d'une bordure
d'ancienne tapisserie d'Aubusson du temps de
Louis XIV, à fleurs et feuillage sur fond noir.

Haut., 2 m. 40 cent.; larg , 1 m. 15 cent.

125 — Fragment d'ancienne tapisserie-verdure d'Aubusson, bordé d'une bande à festons de fleurs
et feuillage.

Haut., 45 cent.; long., 1 m. 90 cent.

126 — Autre fragment d'ancienne tapisserie-verdure

Haut., 1 m. 90 cent.; larg., 60 cent.

et trois morceaux de tapisserie ancienne.

127 — Tapisserie rectangulaire du temps de
Louis XIV : verdure avec grands arbres à
droite ; éclaircie de paysage au centre ; pièce
d'eau bordée d'iris à gauche.

Haut., 2 m. 25 cent.; larg., 1 m. 45 cent.

128 — Très grande tapisserie-verdure du temps de
Louis XIV, offrant au centre une fontaine rus-
tique à effets d'eau ; à droite et à gauche, des

vues de châteaux au milieu de parcs plantés d'avenues d'arbres avec parterres de fleurs. Au premier plan, trois groupes de volatiles. Bordure d'encadrement simulant un cadre ornementé.

Haut., 2 m. 80 cent.; larg., 7 m. 20 cent.

129 — Autre tapisserie-verdure de la même suite que la précédente ; même bordure.

Haut., 2 m. 90 cent.; larg., 2 m. 35 cent.

130 — Autre tapisserie-verdure de la même suite que les précédentes ; même bordure.

Haut., 2 m. 90 cent.; larg., 2 m. 15 cent.

131 — Grande tapisserie d'Aubusson du temps de Louis XV : Composition pastorale offrant dans un paysage boisé auprès d'une auberge deux groupes de danseurs s'ébattant aux accents d'un violoneux juché sur une table ; à droite, des paysans avec des enfants sont attablés et goûtent. Bordure d'encadrement à rinceaux feuillagés.

Haut., 2 m. 60 cent.; larg, 5 m. 95 cent.

132 — Bandeau de cheminée en ancienne tapisserie du xviiie siècle, à rinceaux de feuillages et fleurs.

133 — Portière en panne verte, ornée de six panneaux en broderie, sujets de saints personnages. xvie siècle.

131 — Portière en satin de couleur brodé, à arabesques et inscriptions. Travail oriental.

135 — Deux garnitures de fenêtre en damas de soie rouge.

136 — Tapis d'Orient.

137 — Mobilier courant.

138 — Objets non catalogués.